Roland Lombard

BRÉVIAIRE DES JOURS MAUDITS

LIBRAIRIE-GALERIE RACINE

Il a été tiré à part de

BRÉVIAIRE DES JOURS MAUDITS

soixante-dix exemplaires
sur papier ivoire
des papeteries de Navarre,
numérotés de 1 à 70,
ornés par
Michèle TAUPIN.

Dépôt légal : 2002
ISBN : 2-243-04038-7

On a cassé la cruche
Trois chardons se sont emparé
D'une lézarde ils flanchent

La maison n'abrite que vents
Et marées la fin d'une dispute
Les mots qui mordent
Dès qu'ils sont lâchés

Les amours ont fui l'été
Le vin s'évapore sur le dallage roux
Léchant dans un dernier transport
Les tessons de grès

L'odeur du vin sur le plancher
Ta nudité rageuse
A chassé les mollesses
Pour accrocher une saveur
Aux affrontements

La pénombre relance la torpeur
Complies sans défense
Plus rien une tristesse s'ignore
Quatre murs l'endiguent
Où se pourchassent les regards
Et les suspicions

Pas un franc succès
Les bajoues tremblotent
Le canapé n'en est plus
A sa première défaite

La mandoline lui cloue le bec
L'oeil vitreux presqu'une éclipse
Proche de pleurer

Le seuil éperonne à l'aveuglette
L'abandon ou la fuite
Il ravale son projet

Un chat traverse le salon
Transporte son paratonnerre

Un soupçon de prière dans les notes
Hasard des accords et des glissandos
Une sorte de fado
Au coeur touché par la débâcle

Il est des jours où le refus de vivre
Porte en lui on ne sait quelle clé
L'augure tarabuste une petite fournaise

L'enfer pas si loin et sa cohorte
De faux jetons anges du déchoir
Il ne contrôle plus le désordre
Embusque des odeurs de soufre

La colère contre le destin
Retombe avec la vague
La perle de sueur monnaie ses transes
Les exorcismes ne raccommodent rien
Ils soulagent

Métro

Elle a troué sa robe
en fumant de trop près
une herbe à mensonges.
Cheveux gras chemisier en lambeaux.

Le métro a vidé trois fois
ses regains tortueux
sans qu'elle s'en aperçoive.

L'indifférence épouse
les contours de la solitude.
Elle caresse un chaton
qui a pris ses genoux
pour aguerrir sa patte.

L'autre avec son attachéquèse
fait le dégoûté.

Qu'est-ce qu'elle en a à foutre.
Elle vierge du cœur et du sein.

J'ai ouvert la fenêtre
Le fond de l'air est doux
Un bâillement importune les sapins
Les barbes incolores l'oeil froncé

Les champs moulent l'horizon
Musique d'évêque à cœur violacé
La rosée sur les joues

Le répit pas la mort

Le pont lointain n'y coule plus
S'endort les bois ourdissent
Un tissu de sauvageries
Les pipistrelles déballent une besace
Crevant d'infidélités

Tu n'écoutes que l'ordinaire
Une valse étudiant ses reflets
Pour trois sous d'expédiant
Elle inflige ses remous
Ses remontrances

michèle taupin

Attente

Violence du non-dit
Saveur des regards
Où s'effacent une larme
Et la grisaille de l'âme

On croise une aubépine
Rejeton mal saigné de la haie
Ira-t-on jusqu'à la taverne

Le vent boursoufle ses manches
Chantourne son habit

La pendule rattrape ses illusions
Tandis que les pas conjurent l'angoisse

Epouser un coin de table
Guettant l'ombre derrière les rideaux

Le moi n'a pas dit son dernier mot
Il cueille une marguerite
S'en défend sous les duperies
de l'éphémère

Défilé des pétales
Il se bénit prélat touché
Par l'écho de la litanie

L'effeuillage mire un satisfecit
A contre-cœur

Joué d'avance mais l'obsession
Défie la vraie nature du vide
Le verdict sonne creux
Et la défaite se terre
Déploie ses convictions

L'amour est mort on connaît
Phoenix des platitudes
Où la foi boute l'incrédule
Hors du champ labouré
Hors des terres grasses
Embourbées des pressentiments

Sauvagerie le soleil
Quitte le fruit au crépuscule
L'ombre choisit son mode
Etend ses chavirements
Poursuit l'incantation dévie le songe

Lagune stellaire bruits de la nuit
On s'octroie des mystères
En forme d'évasion

A d'autres l'oiseau de proie
Sa chanson fouettant
Les joues de la camarde

Le puits marque l'étape

Evadé ce soir
Nacelle abandonnée
Entre deux horizons
Les yeux pétrifiés vers un levant
Qui se fringue au pied levé
Dévore un plat d'espaces

L'oiseau décline ses péroraisons
De saltimbanque dans un ciel
De vacarme et de sous-bois crapuleux

La houle s'empiffre accorde les fumées
Elles sentent les toits et les varechs
Effleurent les lucarnes

Une goélette tangue au milieu des spectres
La voile s'émiette à la frondaison
Des arbres offusquant leurs verdures

Caboche au point de naufrage
Les souvenirs fanés ruminent une mélancolie
A sécher les nuages

Un soubresaut pour une musique
Un coup de semonce et sa note

Côté cour

Il reste la moitié d'un cigare
A peine plus
Il s'éteint sans le pourquoi ni le comment

La rue vacille à perte de plaisirs
Sous des paquets de nimbus
Presque de la neige
L'opacité engrosse des purées
Sous le faisceau du réverbère

Le blouson s'habitue
Bientôt éponge
Les poings s'inquiètent
Au creux des poches

Une vague obsession ruisselle
Des cheveux
La paupière acquiesce à chaque goutte
Un reste de cigare
Soutient la barque
Elle prend l'eau

Salon de thé

L'homme s'est assis
Au mépris de l'usage
La barbe divaguante
Dans la perle sous les cils
Une brume chevauche une rosse
L'entraînant nulle part

Il rêve tout haut son cauchemar
Dans un caquètement burlesque

Les rombières ont relevé
Les épaules d'un cran
Discrétion cela protège
Pas mieux que le gant
Tout de même
Cela protège un peu

Côté jardin

La pluie court sa passion
Ruisselle dès qu'elle affecte ses transes
Pas la chaude étreinte du tropique
Non la quinte les frissons
L'univers où s'évertue le nord

Les boues des tas de charbons
Perclus de crachins
Les arbres s'oxydent

Que reste-t-il de ton corsage vénitien

Un herpès salé
Part de la base du cou s'effondre
Il ira quêter quelque prime
Animer ses rougeurs

La rivière à moitié nue
Les ombres se cherchent
Prolongent le jeu des contrastes
S'étendent à fleur d'eau

Ce pas sur la passerelle
Bourdon prémonitoire
Hésitation résurgence des griefs
Le silence résorbe la chute

L'eau le corps avalé
Deux bras se débattent
Avouent leur défaite

Tu peux courser le désespoir
Il perd son nom
Tandis que les langues
S'apprêtent à bercer les rancoeurs

Le soir poursuit son rabâchage
Il s'en moque

Sur la chaise l'écharpe se signe
Trahison visage à demi découvert
Le visiteur distrait ses embarras
Tapi dans la chambre d'à côté
Peut-être sous la rocaille

Tu ne l'attendais pas
Le doute subsiste endort la partie
Calme ton angoisse

Odeurs de cigarette
De chaussures mouillées
Le tremblement de ta main
Maudit le sort appréhende le fortuit
Si peu de chance derrière le paravent

Un bruit de pas
L'envie de s'intégrer dans le plancher
L'échappatoire et ses désillusions

Sic Transit

Le squelette poudroyant
De terreur blanche je reviendrai
Tisser entre les callosités des cortex
La défiance et ses rébus

Je glisserai sur vos miroirs
La camisole des compromissions
Visages broutés par les titres en Bourse

Sous les baldaquins j'irai moudre
Des amours vouées au mal de mer
Chatouiller les seins de vos filles
Effleurer leur sexe

A l'heure des besognes basses
Je refermerai ma tombe
Un pavot sur chaque œil
Dans le rire une touffe d'oseille
Le nez s'invitant à la ritournelle

Délit d'incongruité reproche
La mort ébauche l'étreinte
De l'âme et du corps

Secrète élévation où le perdant
Se cache pour enfanter
Un à un l'innombrable
Avec ou sans la main du bedeau

Cadavériquement vôtre
Au jour des litanies elles s'éteignent
Grisant la conscience du bien dit

Les bruits des galets
Rapportés par la mer
Le froissement des herbes
Qui s'embrassent dans les champs
L'oreille de l'âne se flatte
D'avoir tout compris

L'attente à la porte

Le chemin grêlé de cailloux
Plus une parole la pierre à sec
Courroux des arbres torses
Lassitude
L'oeil clôt sa polémique
Le front se décervelle
Joue l'espiègle contourne les halliers
Guettant l'asphodèle

S'asseoir sur le talus s'encroûter
D'un fauteuil mal équarri
La bouche embrouille l'herbe qu'elle mâchonne

Le chemin grêlé de cailloux
Parodie de l'évasion pour humeur mauve
En crachant sur la fable
Loin dans le silence et le refus

Saute le buisson sa flamme
d'épine-vinette aux griffes stridentes.
Laisse les pavés aux panses
qu'étrangle l'envoi des fièvres.
Renie la rivière quand elle charrie
des limons sucrés.

File par le champ, la jachère,
cours vers l'archipel où fleurissent
l'exsangue et le désabusé.

Un lumignon de pierres poussives
une herbe rase et des fleurs artificielles
plantent leur cri, tâtent la déchirure.

Un charlatan dispense
les béatitudes sous des cyprès
où s'englue un tas d'ordures humaines.

Voix du sortilège pour tout message
un contre-ciel et ses témoins
brandissant l'écueil des vies décapitées.

Gaza

Trois fleurs de coquillages
sur sa table d'enfant.
L'or de la mer
battu par les jeux du sable
et ceux de la vague.
L'oiseau sautille sur la plage.

Ecume des jours gangrenés
d'une bourrasque tournant violence,
sourire endeuillé par la folie.

Ils ont saccagé son dessin
d'une balle dans la tête.
Le cœur bat dans tes pleurs.
Sa main ne se blottira plus
dans la tienne
ni son regard vers une orange.

Le cœur bat son chagrin.
Les fleurs offertes par la marée
ébauchent le projet avorté.
Elles pleurent le temps soudain plus vide
comme la lampe s'éteint.

Je garde un jardin caché
Un raccourci de tes tendresses
Esquisse entre les blés le ciel

Tu as posé la lumière des champs
Rêvé le milieu de l'ombre
Aux dépens de l'arbre

Le coquelicot dit l'impatience
Il implore son chant
En voie de divergence

Et l'oiseau lissant sa plume
Poursuit la paix de la mémoire

Echos des jours cueillis
Depuis des lustres
Ils s'en vont au pas du soir
Dans des senteurs de sciure humide
De résine

On a coupé les branches
Et taillé les rosiers
Le creux de l'eau passe dans tes yeux

Toison sans artifice
complicité de la mèche.
J'ai surpris tes dix-huit ans
passibles de rêves.

Un café banlieusard
au banal claironnant le béton
nous servait de refuge.

J'ai dessillé sur tes lèvres
un soupçon de malice
un avis de grand frais.

L'amourette en sursis
la ride mauvaise
l'été a déguerpi
mais l'autre saison
a mis ma tête entre tes mains.

Le front bute sur une arrière-pensée
rejet sur le qui-vive
un coin de bile en travers
des épissures où se nouent
les dérives.

Râle du bateau gémissement
quand il déborde de fatigue
à vomir ses prouesses.

Renfrogne du marinier
filouterie des jours mornes
l'estocade en guise de vécu.

Simple comme la mort et ses filets
tandis que les petits bonheurs
s'empoussièrent en fond de cale.

Est-ce la nuit qui surprend l'impasse,
les mots malmenés,
un début de controverse,
la peur d'une dislocation ?

Est-ce l'odeur du métro, la crème
réchauffée à feu trop vif,
la bourrasque fermant la porte
ou le couloir aux plis sans nombre ?

Un glissement vers l'anxiété,
fioriture syncopée, l'intime,
n'arrive plus à doser ses pièges.

La rengaine s'éparpille,
éclatement d'oiseaux,
palabre sans attrait.

Le rythme s'assoupit,
les clabauderies s'amenuisent,
les lumières s'estompent,
pudeur réclamant un voile.
Le mutisme de l'endroit couvre ses paroles.
On galvaude sa paix
en frappant sur l'enclume.

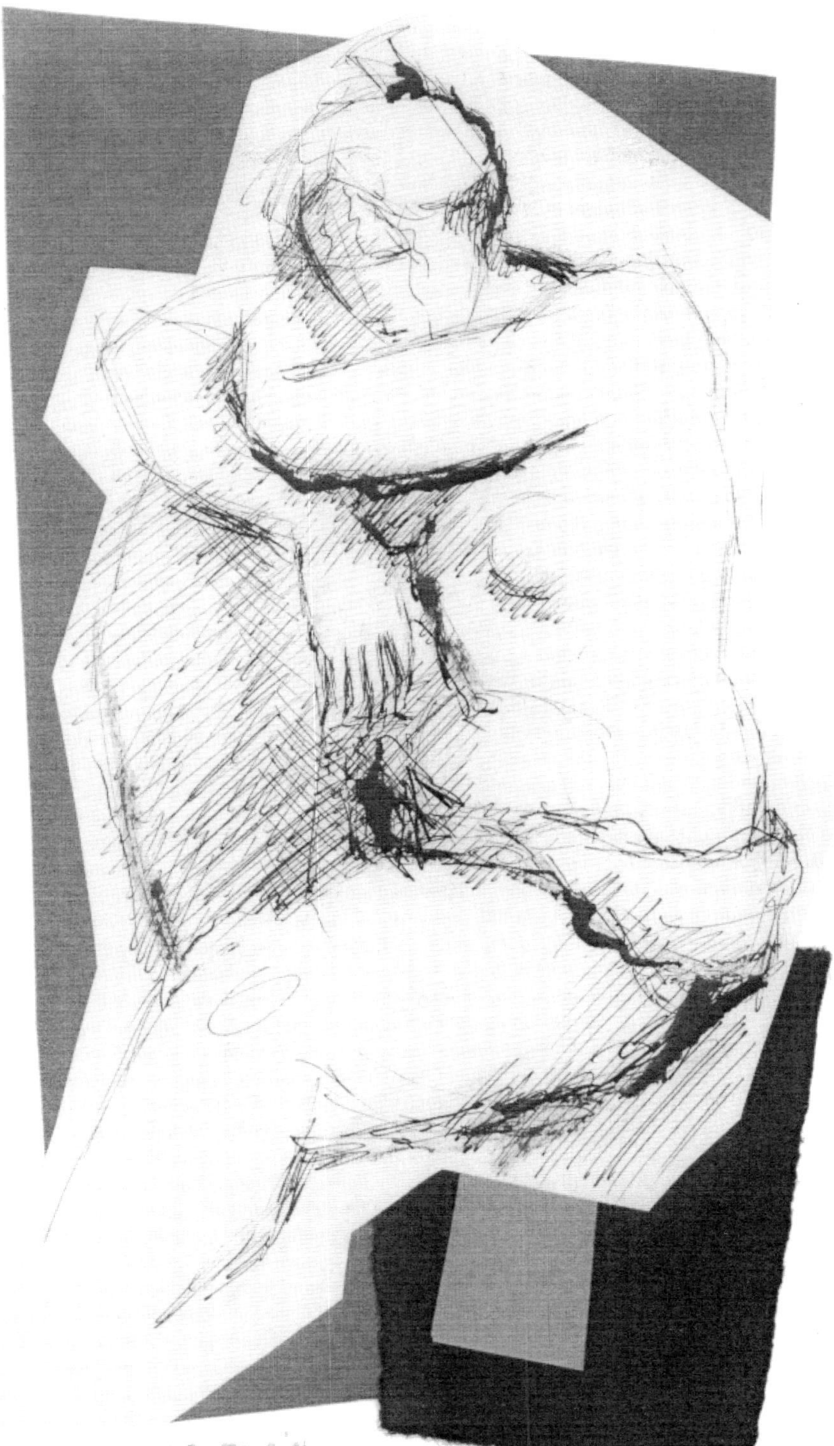

Votre bonjour au coeur de l'avenue
indifférence de la foule,
embonpoint des platanes
s'épilant le ventre.

Vos courbes mensongères
taquinent celles de vos vingt ans,
silhouette pas perdue
plus complexe le sourire.

Le nu de nos pensées dévoilé
en quelques répliques
sur les joues la chaleur d'avril
vos cheveux savourant le vent.

Le baiser s'incline puis décampe
lèvres assagies grappillant
un reste de sensualité
folâtrant dans les torpeurs du soir.
Votre bonjour et son remède.

Saoul d'un alcool méthodique
il cuve en bordure des redoutes
oubliant sa girouette et ses nausées,
dévore ses effondrilles.

Affalé dans une botte de foin
pour un coma sans fleurs
ni regrets
sans deviner ce qu'il rapportera
de ses tréfonds.

Communion avec la terre
la bruine tempère un volcan
et ses fumerolles
enjolivent l'air du ronflement.

Courte l'embellie.
Il finira dans un demi-deuil
mouillé en regardant le monde,
renouvelant son point d'ancrage
d'un prurit salutaire.

Mon temps n'est pas précieux.
Il fuit les salons
se régale de l'auberge.

Il affiche ses couleurs,
brade ses ponctualités
sous couvert de préserver
quelques nostalgies.

Hyperboles, mirages de la mémoire,
balancements des cils.
Il se grise d'une pierre blanche,
endosse le siècle,
trompe les années-lumière.

Mais au plus clair il divague,
s'épargne les excès, s'engorge de secondes
savourant de la lippe
le fruit des saisons.

Abrupt dans ses comptes
il ne retient que l'inéluctable,
me guette dans les assises du commun
muni d'une patience démoniaque.

Le piège est tendu, sournois,
certain d'avoir le dernier mot.

La guigne se moque des soleils,
des petits matins buvant
à l'aveuglette la rigueur du jour.

Elle fraternise quand
le sentier se dérobe,
épouse des moiteurs troubles,
attise le croc en jambe
ajustant ses appeaux.

La guigne !
Elle tend ses bras
vers la mauvaise pente
où l'oeil éternue,
écrase la violette
en visant l'entourloupe.

La guigne !
Elle grève la fête
de ses complications,
fond d'une musique
où berce un brin de sauge.

Au pays de la bourlingue
le ciel échange ses jours
contre les pleurs des maracas,
suit les mélancolies de la guitare.

Ballade au crépuscule,
nénuphar sur des eaux
où sombrent la route et ses rançons.
Radeau des heures nourries
des rythmes et des cantiques.

Douceur de la nuit,
la musique s'efface
à la mesure des pas.

Un reste de vapeur enchevêtre
l'odeur des filles et des héliotropes.
Voltige des jupes à carreaux,
des pulls aux seins moulés.

Il neige sur ta cigarette
et la fumée te renvoie
la peur du baptême.

J'ai fleuré l'azur d'un lys,
il s'est empourpré.
Les gens ne m'ont pas cru.
Satisfaite l'histoire s'est astreinte
à trois tours de table.

Vous parlez univers,
les roses se dandinent.
On fume une grenaille,
on l'enjolive.
Un marchand de crédulités
repousse sa plaidoirie.

Le badaud se délite, roule un tapis,
achève un camembert.
Le ventre rit sous les verrous.

On peut fermer les yeux,
s'étendre dans le demi-soleil
au pied d'un amandier en fleur.

Il vient ce temps des narcoses
accompagné d'une clameur de mer.
Soupirs des embruns
et l'éveil d'un baiser
à prendre sur ton cou.

On peut ne plus vouloir
tabler sur le vécu
gardant l'image et l'incertain
pour seule confrontation.

La main redessine tes voluptés,
Esquisse d'un pamphlet.

Laisse perdurer le silence.
Nous n'avons que faire
d'un bouquet trop bavard.

Les amours de bas quartiers
s'accrochent aux gargouilles,
bonheur des limpidités
que protègent l'encoignure
et le réverbère au sourcil compassé.
Il suit l'affaire et traîne
son nonchaloir.

Les amours sans promesse
endossent dans la grange
le reflux des canicules,
impatience qui goûte
son île, sa terre de naufrage
en épuisant le caprice des sexes.

Les amours des fossés
et les plaisants dimanches
font fortune au petit lever
des coeurs dans les chamboulements
du hasard quand il frappe
à la porte.

La vie a grignoté
son pain d'amertumes,
creusé la nuit en refrains de faubourg,
de ces nuits qui trahissent les roueries
du vent et des salaisons.

Elle a touché du doigt la joie simple
née sur les trottoirs
au parvis du quotidien.

Toute à ses souvenirs
Elle attelle ses pleurnicheries
au bréviaire des jours maudits,
cheval mordant son licou,
fête bigarrée au jeu des enfants
cavale ou fanfare
pour s'évanouir au point d'orgue.

J'ai truqué le visage
les yeux dans une amande
les accroche-cœurs boudant la ronde.

Le cou s'est dérobé
avant la geste des épaules,
la fleur du sein en point de mire.
L'ambre s'assied sur les hanches,
savoure les mystères,
gouverne avec tendresse
les jambes jusqu'aux pieds.

La marionnette s'émeut.
Elle a rompu les amarres
à l'appel d'une foucade.

Le temps de reprendre souffle
elle a colporté ses atours
au nez des polichinelles.

Une fleur de lune s'est posée
sur l'étang. Les elfes bruissent,
son parfum les enivre.

J'ai caché sous la pierre
un désir sans mensonge
et s'il pointe le doigt
on verra l'étoile en fermant les paupières,
en éteignant le rythme du discours
pour ne préserver
que l'irrévérencieux des paroles,
prière des gens simples
où le cœur vaut mieux
que la raison.

Une fleur de lune s'est posée
sur l'étang.
Gare à qui la cueille
la tige enserre les doigts
et piège les malins.

Il suffit de passer la porte.
L'épervière tremble sous la brise,
un nuage évacue ses prolixités.

Regards à la croisée des consciences,
on s'enhardit sans même y penser.
Le flot emporte le prêche des galoches,
nuit du plein jour, soleil cassant
les médisances.
Un chien marmitonne le caniveau,
l'humeur à rebrousse-poil.

Il suffit de s'éloigner
le poing ganté de la poche,
la chemise ouverte
sur l'air de la rue,
au fil des rencontres.

Mais il faudra rentrer.

Pluie d'octobre
Mini-jupe détrempée
Talons trop haut perchés
La poitrine presque au ciel
Et le Rimmel bradant ses vanités

La rue endort ses certitudes
Le bar a tiré ses volets
On chasse le dernier client
Un orgue de Barbarie
Roule des nonchalances
Une musique facile à vivre
Berce le quartier

La cigarette s'exaspère
Bâcle ses fumées

Pluie sourde sans ostentation
Rideau levé je t'attends
Et marchande une histoire
Où je ne compte plus mes pas

Qui dira ce que le vent débite
Colporte en ses congrès
Aveux d'impuissance
Poussières de nos destins

La danse d'une mort
Où le rythme souligne
Le va-et-vient des fuites

Croisées de fers tendres
Forgés pour la défaite

Les rires s'émeuvent d'une tempête
Quand le coquelicot
S'enbleuit de colère
Trépasse avec le matin

Tandis que le jour tangue

Le soir apprête avec les ombres
Une étoffe où perce le soupçon

Le mystère enfle et s'englue
Dans un crescendo d'obscurs
Roule des mélancolies
Vire à la démence

Il n'est plus temps d'exulter
L'usure du ciel
Prouve ses défections

D'un œil humide
Le chemin s'égare
Sous un voile de bosquets
Vers des prés sans nombre
Côtoie les vignes

Je m'attarde à la fenêtre
Le jour tangue
Buvant l'humeur de l'instant

Un rêve informe ou peut-être une idée.
Opacité. Irai-je au bout des mots,
Quête au désert, braqué sur les Gémeaux,
Chercher le cri ? Si préférant l'ondée

Je pense à l'océan, trouve son grain
A portée, arrive et chante l'ondine.
Ployant la mer son ombre se dandine,
Affiche au ressac un esprit chagrin.

Les roses de Rilke que disent-elles ?
La farce des couleurs s'impose au vent
Comme on rassemble un bouquet d'immortelles.

Une image un songe. Avec eux s'entraînent
Le rire les pleurs, et le trait dérivant
De la trame au sourire qui l'étrenne.

Oracle

Un oiseau noir a traversé la route
Sautillements paroles balbutiées
A l'affût de leur source
Extravagance de l'oracle
Qui dilapide la fausse monnaie

Mensonge apprivoisé
Ou piège de l'absurde

Confondre les esprits chagrins
Se signer d'un geste
Mais lequel

Un oiseau noir a traversé la route
L'équivoque incite au demi-tour
Subir la risée ou prendre par un biais

La chouette est amoureuse
Elle guette au coin du bois
Un hibou troussant les gueuses
Les engrossant quelques fois

A l'heure où l'ombre se creuse
Dans la forêt aux abois
La chouette est amoureuse
Elle guette au coin du bois

Sans pitié pour les peureuses
Prière ou propos grivois
Son cri s'élève et déploie
Une fibre langoureuse
La chouette est amoureuse

michele Taupin

Anamnèse

Au premier de l'an
Les singeries de la buvette
T'accouchent à l'eau-de-vie

Libre à toi de bâiller sur les photos
Où l'espace-temps se congratule
Conjugaison des lunes et du zodiaque
Un fond de hargne stimule la mémoire

Aux frimas les fourmis s'agacent
Courbe la tête elles s'agitent
Prise tes pâques avant que ne déambulent
Les chaleurs du plein fouet

Les démons d'avril engendrent la moisson
Une poignée d'orties au talus

Il faudra rendre tes ocres
A la Saint-Martin
Et les dés avant l'ultime brume
Tout pipés de leurs saisons

Le foin s'étire au fil des bottes
Se pervertit en fenaison
Dans les souvenirs où barbotte
L'odeur de la belle saison

Le soleil butine l'éveil
Il se régale en tes cheveux
Un reflet joue une merveille
Incendie au bout de l'aveu

Trempe tes pieds dans la rivière
Ecoute le chant du sous-bois
L'automne aveugle l'épervière
Elle se fane entre ses doigts

Vienne l'hiver les jours balancent
Dans les ruelles de Paris
Une attente où mort et silence
Perdent ta joie et tes paris

L'amour aux champs c'était la fête
Le coeur toqué et les bras nus
Le bilan prêche la défaite
Active la déconvenue

Une odeur de foin te malmène
Dernier recours dernier secret
L'oracle brandit ses amen
Détruit le port où tu t'ancrais

Les simples conseillent
Une herbe une grisette
Vulnéraire poursuivant les frénésies
Amours volées dans une décharge
Brusque envol sans rémission
Que ponctuent la chute et le souvenir

Un grain de séné qu'on mâchonne
Ni plus ni moins que les fureurs
Alanguies au goût de rabâchage

On prie comme les épeires
En tissant des formules toute faites
Consécration du statu quo

La mort au bout du crayon
Moins violente qu'au terme du chemin

Quête le sésame au boisseau de graines
La blondeur des blés endort le hameau
Une paysanne étale sa traîne
Sous un fichu noir jupe et caraco

Puise en ton histoire un autre présage
Retiens le dicton qu'elle t'adressait
Son geste fourbu évoque l'ombrage
Le chant modulé à voix de fausset

Trompe le dépit accroché aux lèvres
Le goût est resté elle s'est enfuie
Et le cœur qui bat soulève la plèvre
Attend le sonneur que le temps poursuit

Prophylaxie

Le ciel s'éteint la mer ouverte
Laisse moisir tes voeux
L'ombre grignote des grappes
De jour mal vendangé

Qui s'en inquiète
Au rameau de l'attente perche l'angoisse
L'orphéon déballe ses hallucinations
Sous l'œil d'un luminaire

Eviter l'humeur d'une béatitude
Soustraire sa chance au regard indiscret

L'oreille en coulisse sur fond
De confidence la foule presque repue
Lent cortège des badauds

J'ai redit les métamorphoses
Mais on prétend que j'ai menti
Viens ma saison se décompose
Sous quelques verbes bien sentis

Le temps n'est plus à la cagnotte
Je croise les fers à présent
Au gré des matins ils grignotent
Le peu qui reste en me grisant

Si le malheur frappe à la porte
Sans égard il sera reçu
Au débotté par la cohorte
Des trop donnés des trop perçus

Si le rêve trahit et troque
Mon bel été contre un pain gris
Je reprendrai mon soliloque
Au fond du terrier sans un cri

Avec des si avec des peines
On prend pitié à sa façon
Se rattraper sur une aubaine
Puis s'acquitter de sa rançon

La nuit s'est penchée
Sur une sorte d'innocence
Truquée de farces et de combines
Le bourdon s'élève
Au rang de musique

Querelle au parc vociférations
Rauque une voix
Emporte les coups

Les rideaux tirés filtrent
Une intimité en demi-teinte
Les manières prennent le ton
Des moqueries

Nuit vorace que palpent
Les doigts du rôdeur

Il faudrait pouvoir monter
Au sommet de la vague
Fuir le creux de la fortune

Revu la plage à l'abri des commères
Où nous avons embrouillé quelques mots
Au pied de la falaise en bord de mer
Le matin vague enivre ses émaux

L'endroit n'a pas changé sa canicule
Garde un ombrage à l'odeur de cyprès
Le soir tombant le soleil se recule
Boude la nuit alignant ses apprêts

Sous le dais noir s'élève dans la marge
Roulement de galets ciel dévêtu
L'antienne aux amours bradant l'air du large

Beauté les ans sonnent le qui-es-tu
Si le déclin veut présider la charge
Tiens ton brin d'or et veille ce fétu

Contre-indication

Les amours ne distillent
Qu'une seule saveur
A qui les condamne au dépit
Certains préconisent la chélidoine
D'autres la bourrache

Mais on n'a que faire
Des capitulations
Sourdes à toute révolte
Grossesses des soupirs
Qui enflent sans tenir le terme

Attente boulimique des petits drames
La robe dégrafée
La veste au cintre

Ne pas avaler l'orviétan
Sauf dans les cas critiques

Le fer plus sûr
Accroche l'espoir au clou

Soir de Prague

A l'appel de la nuit qui tire au long des berges
Sa silhouette noire ondulant sous les ponts
La Vltava prétend tel un carré de serge
Bercer d'un ton velours mon oeil qui lui répond

Elle brille en valsant des lumières lointaines
Un banc me tend les bras et m'invite à m'asseoir
Au mois du guilledou plongent mes prétentaines
Dans les eaux qui sans bruit m'acceptent pour ce soir

Derrière moi le parc s'émeut au moindre vent
Qui gémit contre nous mon amour et que sais-je
Des trames qu'il prédit des mensonges qu'il vend

Que n'es-tu près de moi bravant le sortilège
Nous aurions conjuré le délire en rêvant
D'épingler au baiser les notes de l'arpège

Pas le chantre d'un unique terroir
Mais la terre des hommes
Quand elle pressure sang et larmes

L'aube peut-être
Et l'au-delà de l'enfance
La crainte sillonne le creux du vallon
S'assied dans l'entrée
Sans ouvrir la porte
Endosse une éternité

Parler de remèdes
Et vivre d'expédients
Adoucir la trame

Mortifications l'alchimie
Bat le rappel des lueurs
Elles tempèrent la nuit
Tant que monte aux lèvres
Le chant de l'envoi

Le supplice des mots embusque à l'écritoire
Sa troupe d'imposteurs au sourire forcé
Ils verrouillent la page et le corps à corps s'est
Instauré l'encrier a rendu sa pétoire

Dans un demi-plaisir le vent connaît l'histoire
Je tisse un canevas pour un arbre écorcé
Vestiges les soleils n'ont su que divorcer
Tandis que la chronique affine son grattoir

Mon texte éparpillé sans craindre l'unisson
Brûlera la candeur au feu qui la délivre
Accentuant le verbe et le goût du frisson

Envol palinodie amusement de livre
Ce que dicte ma plume instille mon soupçon
Au sein des fenaisons en attendant le givre

Effleurement des mains des lèvres
Rondeur des hanches un rythme
Puis le cambre des reins
La marée s'effondre
Au sable de ta peau

Nombril effeuillé
Jusqu'aux berges du chaloir
La caresse pastiche
La ferveur des illuminations

Ton sein bourgeonne appareillant les ciels
La nacre du cou décline les épaules
Une voix profonde sourd de ton corps
Imite celle de la terre fécondée par l'averse

L'oiseau tourne la tête
Et cueille un chant discret
Une aube pourchasse
On ne sait quelle chimère

Nous avons roulé dans la mer
Gavés d'eau et de sel
Jusqu'à l'île où s'enfuit la mélancolie

Une herbe agite son oracle

Sur le quai du métro une fille superbe
A l'air de s'ennuyer à côté d'un dandy
Au milieu des gamins qui mâchonnent de l'herbe
L'oreille en porte-à-faux j'écoute ce qu'on dit

Quelqu'un a relevé d'une remarque acerbe
La pâleur du falot le rire a rebondi
Sur le quai du métro une fille superbe
A l'air de s'ennuyer à côté d'un dandy

Je roule en-m'évadant une pensée imberbe
Je reviens sur mes pas le regard s'enhardit
Elle sait qu'on l'observe et son corps s'est raidi
Un sourire discret j'admire c'est le verbe
Sur le quai du métro une fille superbe

Signes

Au jardin d'une voisine
Campent des pervenches
Maquillées d'un bleu ironique
La robe intense elles clament
La fierté de leur jupe
Qui se mesure au ciel

A dix pas de là
Un cognassier nippon
Craque ses bouquets rouges
Croix de fer
Les cerisiers neigent leur saoul

C'est ainsi par chez moi
Le printemps s'enflamme
De quelques phrases
Elles vont tarir
Avec le curare de la canicule

Chienne de vie qui écrase ses vigueurs

David est parti sans sa brante
On l'a remisée au grenier
La vie écume son attente
Recompte à bon droit ses deniers

Quand l'automne attise sa mante
On la sent geindre et se signer
David est parti sans sa brante
On l'a remisée au grenier

Adieu les vignes enivrantes
Entre la faux et le panier
Qui songerait à dénier
Les exploits de cette servante
David est parti sans sa brante

Le potier s'évade par grande houle
Sur les hanches de la cruche
La main fatigue la robe de terre
Et se mouille des larmes
Versées par la métisse
Façonnant ses rondeurs

Il s'attarde autour des lunes
Et des lumières
Malaxe le cou les épaules
Lisse les bajoues rehausse le col
D'une dentelle à peine esquissée

La fille minaude danse
Au rythme d'un manège
Ronronnant des chansons mécaniques

Le ton monte jusqu'à l'instant
Où le maître dénude la belle
D'un coup de stylet
Puis l'installe au centre du foyer

Dame de coeur porteuse d'eau

Sortilège accroche-cœur ou pendule
La Pythie entame un sort, le rébus
Oscille. Au jour forçant l'œil de Phébus,
Elle ouvre son giron à qui l'adule.

Est-elle femme ou simple courtisane,
Mère et perverse au lit incestueux.
Amant destin, dédale tortueux,
L'homme au savoir lui fait la cour, ahane

Sur le métier pour s'accoucher devin.
Elle rit comme s'épuise la source
Qu'on interroge, et le zodiaque en vain

Esquisse au petit bonheur l'horoscope.
Le corps ailé a résilié sa course,
Prisé l'offrande, éloigné le canope.

Le destin tiré au cordeau
Décampe en flouant le doute
Choisit pour ses yeux
Le regard d'une femme

Il s'adjuge la voix de l'écho
Pour mieux contrefaire ses divagations

Pas de pardon ciel en berne
Vœux mal maîtrisés
Sur l'autel que la mort éclabousse
Le devenir se prosterne

L'oracle tient le perchoir
Active ses finesses il sait
Mais il retient ses pronostics
Enterre le crachin des jours
Quand il porte sang et larmes

Alors
Je vais chez la tireuse de cartes
Une belle paire de fesses
Et quatre sous de séduction
Une rouée

Fine mouche

Pour un petit aperçu
Elle a relevé sa jupe
Sachez ça vous préoccupe
Qu'il n'a pas été déçu

Pas une affaire de dupe
Ni de coussinet fessu
Elle a relevé sa jupe
Pour un petit aperçu

D'un clin d'œil à son insu
Il lui a volé sa huppe
Pour la nymphe dans sa pupe
Elle a dit la croix dessus
Juste un petit aperçu

L'horizon se disloque
Aux querelles du quotidien
Il s'enténèbre

Pleine mer ou chenal
Dès que le mât casse
La foule récuse le navire
Absout le bourreau

Hier le bourdonnement de la ruche
Ce soir la paix l'ankylose
L'ennui qui précède goguenard
La décrépitude et le grabat

La fenêtre porte espoir
Illusion
Où s'alignent les visages
Les traces de doigts
Les haleines s'y essoufflent
En balayant la vitre

Demain sera pipé
Plus que de raison
A la première chandelle
Cours après tes runes
Avant qu'elles ne s'effacent

Je connais un marin
Qui vit sur un radeau
Une cahute entre les saules
Des airs de lagune
Des effluves où s'installe
Une musique aux abois
Elle fermente

Histoire de corsaire
Sans lendemain
Un médaillon et la barbe
Qui enrubanne une trogne
Affinée en bourlinguant

Sa pagode secoue ses murs
Berce les icônes
Lorsque le vent se lève
Et tourne ses fantaisies
En dénudant les vagues

Un verre de rhum
La complainte retrouve
Le chant du large

Chronique de flibustier
Anachronisme
La clarté crépusculaire s'étire
Les pensées ronflent dans la poche
Elles ne savent que flâner
Errements entrecoupés
De réminiscences

On trompe ses paresses
Par des esquives sans consistance
Rebuffades regrets pas trop précis
Ondes caverneuses
Qui se moquent d'être ressourcées

Un renard glapit d'un ton apprivoisé
Quête sa chance
Auprès des poules villageoises
Comme on tend son bonnet

Assis dans la dunette
J'aborde les signes

Côté cour le poêle
Ouvre un œil de cyclope
Ventre à jeun
Encombré de ses suies

Une brassée d'écumes le gave
A rompre les dents
L'amorce remue le monstre
Un embryon de flamme
Réveille ses cauchemars
Pleurnicheries
Timidités au ras des vieilles cendres

La bête rote
Rejette des naseaux
Une vapeur hostile
Un cri d'enfer rougeoie
Irrite sa gorge
Qui décharge avec effroi
Des borborygmes flamboyants

Côté chambre
L'humeur hautaine son habit
De terre vernie
Au fil du discours la dispute
Le ton monte
S'adjuge une canicule
Défiant le tropique

A contre-dos j'écoute ses doléances
D'une oreille que rien n'émeut
Oisiveté de ma carcasse
Réponse à ses flatteries

Geignements bassesses
De l'ogre
A peine perceptible
Dans son incubation
La caresse s'éternise
Avec solennité
Poursuit son travail de moine
Jusqu'à l'apaisement des fièvres
Sa chaleur maintenant ricane
Installe puis vérifie ses sourdines

L'odeur du café
Plus que toute autre
Anime la conversation
Elle se rit des obstacles
Franchit le chambranle
S'arroge droit de cité
Stimule un fantasme

Elle convoque
Les amours matinales
Sous l'emprise
Des lumières et de l'eau

Ce chant d'été
Respiré au bord de l'infini
Suspendu à ta silhouette

Secrète communion
Au travers des présences
Enchevêtrées

Le silence du lac
Clapotis indiscernablement doux
Des vaguelettes
Qui fondent sur les graviers

Les soupirs se drapent
D'un baiser se gobergent
Au cœur des illusions

Abstraction du monde
Il perd ses réalités
Jusqu'au cri de la mouette

Ensuite le long de la rive
Hallucination à pas mesurés
Tenant ta main
Avant l'heure de la riposte

Le miroir ou la fenêtre
Qui livre l'entre chiens et loups

Côté jardin le cornouiller
Disparaît sous les piailleries
D'une brochette d'oiseaux

Des mésanges un rouge-queue
Plus galant que nature

Côté rue le tintouin
Des abdications
Veuvage du soir
Où les boutiques décrochent
Assèchent leurs luminaires

Une beauté s'évade
Le pas court instinctif
Vers quelle aventure
Ses cheveux brouillent les pistes
Un clin d'œil
Elle est passée

Seul et pour combien de temps
A déjouer la fuite

Concert de l'extrême
Sur la table où j'émiette
Mon savoir-faire

La reddition plus tard
L'opinion balance
De l'amour à la mort
Les deux emblèmes
Où convergent les générations

Tes ardeurs juvéniles
Ravivent ma Seul et pour combien de temps
A déjouer la fuite

Pèlerin tu ne peux
T'affranchir du bâton

L'immense profusion lunaire
S'est glissée à pas feutrés
Entre la tombe et les brumes

Les ailes de la chouette
Ont secoué ce qui restait de nuit
Pour m'interrompre en plein rêve

Qui passe près de mon chemin
Et m'interpelle ainsi
Le fantôme de l'arbre
Salue d'une main
Agitée par le vent

La mort nous prend le bras
A la prime rosée
Mais change de visage
Comme s'épuise la clepsydre

Elle endosse notre masque
En dépit des protestations

Achevé d'imprimer
sur les presses spéciales
de la Librairie-Galerie Racine.
Quatrième trimestre 2002.